旅行與成長

詹嘉会 著

新 华 出 版 社

校長室

自序：我的旅行是一种成长

2013年刚上小学时，爸爸就告诉我，要读万卷书，更要行万里路。后来，我才知道那是很早以前先人说的话。再后来，我看到法国文人卢梭这样说：儿童应在大自然中获得知识，而不能靠死记硬背去掌握书本知识。我还阅读过日本一位作家说的话，所有的成长到最后总是一次旅行。对于这些，我似懂非懂，懵懵懂懂，但感觉旅行是个好东西。
记得上幼儿园大班
以后，爸爸带我去过很多
地方。有的地方还去了好
几回，有的地方一呆就近
一个月。确实，每去一个地
都有收获和历练，每一次
收获和历练都带来一次
成长。大自然的奇妙景观，
不仅给了我美的陶冶，也
给了我智慧的启迪。
妈妈说，千江有水千
江月，方里无云万里天。每
一次出行都成为我成长
的体验、亲情的感悟，甚至

文化的探索、历史的追寻。从辽阔的内蒙古大草原到比它更宽广的三亚之海，从闻名世界的大上海从到红瓦白墙的小青岛，从消失地平线的香格里拉到如梦似幻的香港迪斯尼乐园……，旅途中的风景，铭记在我的记忆里，让我放松、愉悦，让我懂得外面的天空很广阔，这既是父母给我的礼物，也是我已经习惯的方生活方式。

老师说，孩子旅行的过程就是收获知识、体验成长的过程，也是激发孩子想像力、创造力的有效途径。对这句话，我有点体会。比如，我在大草原，想到了宁静、方便和自由；在湿地，想到了北京如果有更多湿地就好了；在长隆动物园，对远古的恐龙年代充满了好奇；在黄山，感慨挑夫精神和人的力量……这些体验，是我的心灵与世界的一次次沟通。

书中的这些文字，大多是我和爸爸一起想出来的。有些是经过修饰，有些不太像我这个年纪说的话，还有一些词不达意。我坚持了小一年，一笔一划都写到稿子上，手指都长出老茧了。那些照片，大多是我随意拍的，属于菜鸟级别，甚至还会有点莫名其妙。所有这些不尽人意之处，请各位小伙伴和叔叔阿姨们包涵。我会更加努力，写出更精美的文章。

嘉会于观山园

2015年3月1日

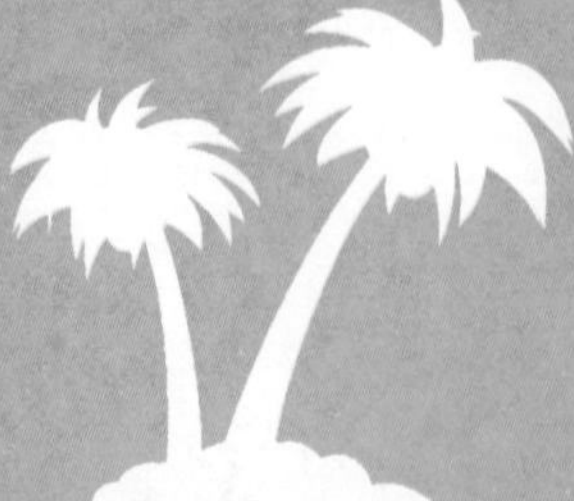

目录 CONTENTS

草原明珠海拉尔

海拉尔，素有草原明珠之称，蒙古语是“哈利亚尔”，意为“野韭菜”。

这两年，爸爸每年暑假都带我来看“野韭菜”。动听的草原歌曲，美丽的草原风景，让我心驰，令人神往。高低起伏的山川，一望无际的草原，充满梦幻的蒙古包，让人流连忘返，常来常新。

在这里，我住过泰国公主下榻的房间，吃过大铁锅鱼，喝过奶茶，到过蒙

古包，留下了很多难忘的回忆。

海拉尔的蓝天、白云、草场、羊群，构成了一幅如仙似幻的壮丽美景。

海拉尔的樟子松

西山公园以沙埠古松闻名，早在清代就被称为呼伦贝尔八景之一。

樟子松的树根长度是树干2-3倍，耐寒性强，寿命长。这里的树王达500年，是整个森林中最粗最高的。连理松的故事则感动了无数游客。一棵棵樟子松就像一位位战士一样，守护着祖国边疆。五彩缤纷的鲜花点缀着郁郁葱葱的松林。

林生花，花生香，香悦人，多么美妙的世界啊！

金帐汗的"第一曲木"

金帐汗是海拉尔往北卅公里的一个游牧部落景点。"第一曲木"莫日格勒河从这儿缓缓流过。

金帐汗的最高处有一个石头垒起的敖包，缠满了红色布条。蒙族人或打仗出征，或祈福消灾，或盼草丰畜壮，都要来敖包祭拜。在这里，太阳升起的时候，绿色的草地仿佛披上一层金纱，日落时分的火烧云，则映衬着草原的无尽绿色。

蓝天白云，弯弯河水，茵茵绿草，群群牛羊，使这里成为游牧圣地。

额尔古纳的美味

白桦、木屋、木篱笆，民歌"喀秋莎"，还有那美味的大列巴，这就是我心中的额尔古纳。额尔古纳的蒙语意思是"捧呈、递献"。

从室韦回来的路上，天际边云层变幻多姿，时而阳光明媚，时而乌云密布。路边处处青山绿水，处处绚丽风光。风景线也是一道美味。

"列巴"是俄式大面包，和半个篮球差不多大小，外壳硬硬的，甜中有酸、外

焦里酥。如果再涂上一层本地的蓝莓果酱，味道更醇。

额尔古纳如画的风景，诱人的美味，至今让我难忘。

亚洲最大的根河湿地

根河湿地原生态保持完整，是"亚洲第一湿地，"也是最大的"城市之肺"。

我两次来这儿，都是坐电瓶车上山的。这里的风很大，甚至吹落粗心的人们的帽子。到达山顶，俯瞰湿地；美景尽收眼底。根河湿地没有山，一条浅浅的河因为七折八弯绘成了这个地方独有的风景。湖泊、草甸、土堆、小灌木丛、白桦林、落叶松，被额尔古纳河一一串起，像一条玉带

额尔古纳
E'erguna
г. Эргуна

散发出奇幻而夺目的光芒。我两次都走完木栈道。

　　我想，要是北京能多一些“城市的肺”就好了！

室韦古镇

经过4个小时跋涉，来到全国十大魅力小镇室韦。

这是一块绿色净土，没有工厂，没有喧嚣。静静的额尔古纳河，像一条蓝色的哈达，在群山峻岭中缓缓流淌。我在界河南岸骑马，看到对岸俄罗斯境内很荒凉，像无人区，和我们这边的繁荣景象形成鲜明对比。我们住的俄式建筑叫"木刻楞"，原木搭建、整洁明亮，有着浓浓的异

域风情。

界河碧波尚伴，岸边不时传来民歌，还有那星星点点的村落和高耸崖头的哨卡，让我感到室韦魅力。

壮美达赉湖

达赉湖，又名呼伦湖，我国五大淡水湖之一。到了达赉湖，我们先到游乐场。我坐上马车当了一回"草原公主"。我还体验骑骆驼的滋味，感到臭味熏鼻。

中饭后，我们就来看达赉湖。它碧波万顷，烟波浩渺，像一颗晶莹明珠，镶嵌在美丽的呼伦贝尔草原上。我使劲看也没看到湖的边际。阿姨告诉我，湖的最宽处40多公里，长有

達賚湖

长有90公里，平均深度7米。达赉湖的美不仅在天上，在水中，还在每一个草原人的心里。

啊！美丽的达赉湖，你是一首诗，你是一幅画。

国门满洲里

满洲里，原称"霍勒津布拉格"，蒙语意为旺盛的泉水。它融合了中、俄、蒙三国文化，是闻名中外的东亚之窗。

满洲里的建筑像来自童话世界，色彩缤纷，风格多样。街道规划整齐，街容整洁，人来人往。国门庄严肃穆，套娃广场异国风情浓郁。最大的套娃有五六层楼高，五颜六色，赏心悦目。特别是关于套娃的传说，让我感动落泪。

猛犸象化石，巨姆古城遗址等，倾诉着满洲里灿烂辉煌的古代文明。

阿尔山的温泉

阿尔山又称"哈伦阿尔山"，蒙语意为"热的圣泉"，位于内蒙古兴安盟西北部。游完满洲里，我们穿越300多公里大草原，到达美丽的阿尔山。

阿尔山有76眼自然泉水，清泉韵飘满四方，泉水潺潺流淌着千年的故事，诉说着美丽的传说：在清朝，有一天一蒙古王爷派人去兴安岭打猎，用强弩射中了一只梅花鹿，那只梅花鹿带伤逃进了老

四不像

林，追到它身旁时，见那只梅花鹿安闲地正在用泉水清洗伤口，泉水居然泡好了腿伤。

　　洗温泉是阿尔山的最美享受。等这里建好单独浴池，再来泡泉。

扬帆南海

马年第一天，我和爸爸、叶伯伯一千人马，扬帆在三亚，寓意全年一帆风顺。

那天，天气出奇的好，碧空如洗。我们的游艇乘风破浪，奔向南海的梦想。

我们的船，经历了阳光灿烂，也遇上狂风呼啸，每一段都各有风景。平静，在折腾中更显珍贵；岸，在远航中实显意义；水杯，在口渴时才会想起……

确实，扬帆成就梦想。

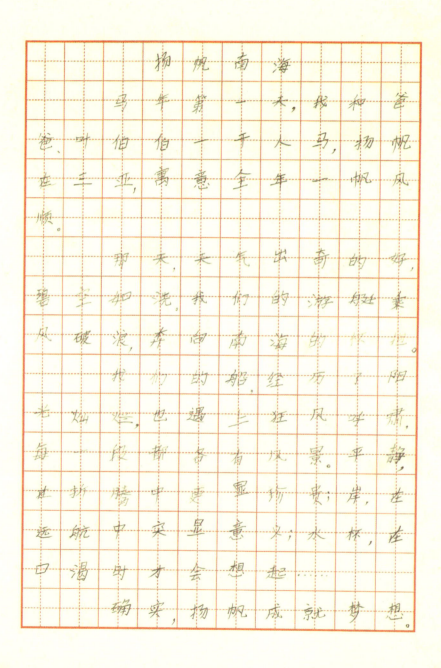

要到达精彩彼岸，就要有付出、有担当。

亚龙湾的海

我见过一些海，最能让我领略海之伟大的，亚龙湾的海是其中之一。

海与天相连，一望无际，茫茫一片。磅礴、壮阔、美丽……我想不出更好的词。

面对大海，我感到无比舒畅，甚至觉得自己与海天融为一体，似懂非懂地明白了什么是“海纳百川”“沧海一粟”在这儿，我能理解什么叫“渺小”。

海，日以继夜地展示力量。一个浪接着一个浪，

后浪推前浪。无论是喧闹的白天，还是寂静的夜晚，海浪从未偷过懒，孜孜不倦地拍打海岸。

我想，每个人心里总有属于自己的一片海，它能升华我们的心灵。

亚龙湾的沙滩

亚龙湾，原名东龙湾，是我国最南端的一个半牙形海湾。沙滩平缓宽阔，沙粒洁白细软，海水蔚蓝。

我喜欢这片沙滩。记得第一次来这儿，我骑着平衡车压过一大片沙滩。记忆犹新的是，骑平衡车就像骑马，身体平衡很重要，否则就难以驾驭。

第一次来这儿，我参加了一次夜间捉螃蟹每个人都拿着手电筒，在找着沙滩上螃蟹的足迹。有

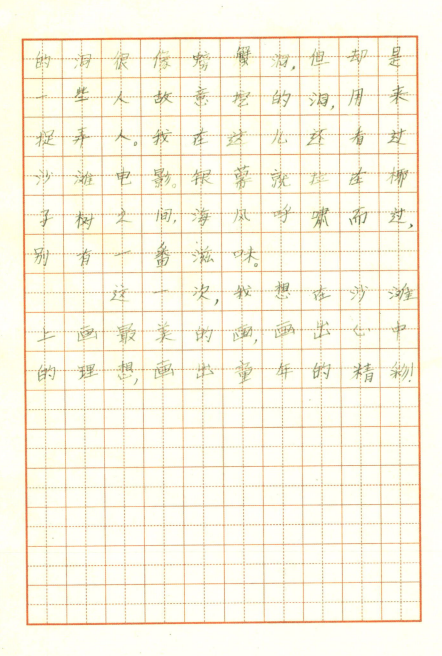

的洞很像螃蟹洞，但却是一些人故意挖的洞，用来捉弄人。我在这儿还看过沙滩电影。银幕就挂在椰子树之间，海风呼啸而过，别有一番滋味。

这一次，我想在沙滩上画最美的画，画出心中的理想，画出童年的精彩！

顿思，条汗。好儿房际童过来海顾一店尔丽一冒有这在无儿经比和光这酒卡到过都店好。雅，望好。是可国"欢好。实，思墅经我酒境优一施木都花喜务确丽别时，次这环境到设的找小最服的。的里小每欢朱，环香次，里未伯我后，要住与个道。喜首海，能其池每伯是最重都从半小找困。傍就海。泳的，"丁家，行。最年要荫原山里太属热泳；之地是每需林多依间的专加游色的点

的服务很温馨。连信纸都印着一个“馨”，让我来了还想来。

加油！丽思卡尔顿，继续为亚龙湾增光添彩！

亚龙湾的五星别墅

经过半小时的车程，我们从凤凰机场来到了美丽的亚龙湾。

这里的五星别墅典雅大气、设施齐全。四块大石板连接了190栋别墅的大门和客厅。大石板下面是一个清澈见底的小水池，水面漂着几盘兰花。右边是厨房，里面有冰箱、磁炉、微波炉等，我们可以在这里做年夜饭。客厅简洁明亮，有桌、沙发、卫生间。

客厅的左边长12.5米、

炭火加

宽5米的私家游泳池，池水蓝得发绿，被一阵阵海风吹出了皱纹。水温大约25℃，对我来说有点凉。

客厅的前方是高低起伏的小草坡，周边有许多叫不出名字的奇花异果，小草就像爸爸的短发那样扎手。

这栋别墅很温馨，给我留下深刻的印象。但我更喜欢丽思卡尔顿。

鹿回头公园

三亚西南端有一个半岛，叫鹿回头半岛。鹿回头公园座落在半岛上，三面环海，因山顶有鹿的雕塑闻名。

这里流传着美丽动人的爱情故事。传说古代一青年猎手追赶神鹿，悬岸边上神鹿变成一位美丽的黎族少女，并结为夫妻。这一传说已成为三亚的象征、海南黎族神氏传说的代表。

上次来鹿回头时，在

山涧中看见好几只猕猴在树枝穿梭、打闹。山中的野果是猕猴的美食。这些猕猴一会在树上荡秋千，一会上窜下跳……那调皮可爱的模样，实在可爱极了。

我喜欢鹿回头公园，喜欢这的黎族文化。

南海之约

二年级寒假，我早早就来三亚了。小伊同学比我更早，小桃桃比我来得晚。我们住在南海相约。

这是一片湛蓝、平静、一望无垠的海。开阔的海面，无遮无拦，烟波浩淼。我们走在海边，感到心灵的舒展，没有作业、没有唠叨、没有负担。只有刺鼻的汽油味，时时提醒商业过度开发的恶果。海的纯洁，永远忧伤地留在深海。

小孙姐姐告诉我有

一种说法“三亚‘归来不看海，除却亚龙不是湾。”大概是说亚龙湾的壮美。在这壮美的沙滩上，我和小孙、小韩两位美姐姐玩各种沙的游戏。每次用手握沙，越用力、越紧，沙子就抓得越少。她们告诉我，这就是游戏的吊诡——握得越紧，失去越多。

轻松的海滩，轻松的游戏，我学到了一些不那么轻松的道理。

宁静的丽江

二年级的五一前夕，我没有任何准备，就被爸带到闻名世界的丽江。

不经意抬头，蓝蓝的天空飘着几朵白云，蓝得那么深，白得那么纯。高原的天空离我那样近，仿佛一伸手就能把蓝天白云捧在手里。

在拉什海，我捞到一条大三文鱼，品尝了一顿全鱼宴。在束河，我骑着“花花”经过小街窄巷。听着绕过小溪与木屋的纳西乐

曲，看着远山和顶上的积雪，让我感到心旷神怡。

玉龙雪山、蓝月湖、摩梭人……丽江真是众人寻梦的地方！

香格里拉二三事

在路上，司机告诉我
们，这里有很多民俗。如座
民宅顶上插的旗越多，就
说明对村里的贡献越大。
一到香格里拉，我们
来一个土司家族吃火锅、
看表演。这里的服务员叫“
卓玛”“扎西”。一个扎西问我：
“小卓玛，牦牛肉要不要？”我
学会了：扎西德勒。
用完晚餐后，我们用
了2个小时车程到悦榕
庄酒店。由于高原反应，我
稍有不适，爸爸不断往我

噶丹松贊林寺

脸上喷氧气。酒店的房间太大、摆设太奇怪，让人感到恐惧。爸爸让几个司机、昆明来陪同的中伯伯都住在我们房间二楼的客厅。第二天，我们才知道曾伯伯他们三人因为害怕整宿未睡。

神奇的香格里拉，我印象深刻就是这些琐事。

闻名世界的虎跳峡

虎跳峡，纳西人叫"扰鲁阿仓过"，是世界上最深、最险的峡谷。

据说金沙江水奔腾澎湃，无情地将玉龙山和哈巴山切断，形成永久的隔江相望。一只常年生活在玉龙山的寅虎，为躲过猎人的弓弩，纵身一跃进入哈巴山丛林。于是，虎跳峡从此得名。远远望去，哈巴雪山和玉龙雪山雄伟壮观，山势峥嵘，好像巨人的国度。金沙江水响声雷

霆，十分震撼。爸爸告诉我，漩涡表层的逆流只是假象，主流始终前进，教导我如何分清主流。

虎跳峡的山和水，相伴相争，相激相励，终成险峻、奔放、永不回头的江流。

太研古镇

太研古镇是一座没有城墙。

古城里到处是光滑洁净的青石板路，手工建造的土木房屋和无处不在的小桥流水。四方街位于最中央，街面宽广，主街向四周辐射，分出许多小街小巷，街巷相连，四通八达。乐曲《纳西净地》将民族风情传递给每个游人。

清澈的溪流、安静的木屋、安逸的人们……这些景象容易让人忘记时间。

在一家鼓店，我买了羊皮鼓带回北京；在一家饭馆，我留了两张给自己的留言；在茶马古道，我看到了马帮凝重的脚步。

丽江！美丽中国古老的写实。

消失的地平线

香格里拉，藏语意思是心中的明月。

在雪山环绕的土地上，蓝天白云下的高山草甸和清如明镜的高山湖泊随处可见，高耸入云，气势磅礴的梅里雪山依稀在望。还有那淳朴的康巴人以及神圣庄严的松林赞寺，让我记忆犹新。曾伯伯说，《消失的地平线》描写了香格里拉的永恒、宁静。这个最接近天堂的地方，承载了无数人的向往。

长隆公园大马戏

今年春节，爸爸带我看了《爸爸去哪了》电影后，我就对长隆公园充满向往。春假期间，爸爸要带我外出踏青，我毫不犹豫地选择了广州。同去的还有一位同班同学。

到广州的头天晚上，我们首先观看的是大马戏。爸爸告诉我，马戏舞台采用实景式布置，层次多达八层。爸爸还说，马戏导演的心有多大，舞台就有多大。

108F

随着绚丽的烟花绽放，马戏开了帷幕。时而光影四溅，时而骏马驰骋，马戏刺激了观众们的神经，尖叫声此起彼伏。演员的表演一流的，动物们的表演也是一流。布景恢弘的舞台，配合多层次布景，把整台演出发挥到了极致，让我感到震撼。

会天萌异帝鸟，果赤别心熊中来动约二看怪等。眼烈花山，特惊树叉起它窑第去相马映火了虎态，人了树睡其亲戏，物，长河首的到自神令到在然多的马动猫，儒内，间鸟。在显演，看坐竟许物大约熊侏园相样猎。各表走，只枝到动宅赴太兽、入自吉猎虎的前一树看隆看就的蚁进红称为到自肉往有着还长们足食是人看虎、吃魄。拉）。靠我和找态十的的被山，北是动（考间，了。

请勿翻越
No Climbing

物，实在眼花缭乱。

下午，我们乘坐小火车进入猛兽区游览。在这里，我见到了狮子、猎豹、黄狼等，真是大开眼界！

这场精彩的约会真是名副其实！

珠江夜景

珠江是广州的母亲河，孕育着羊城人。

一年级春天的一个晚上，爸带着我上了游轮，夜游珠江。穿行于珠江的游船张灯结彩，像画舫一般。别具一格的南国建筑与两岸灯光相互映照，形成一道美丽的风景线。弯弯的月亮向上翘，弯弯的大桥向下拱，江水倒映出彩虹般的绚丽，构画出一幅别致图景。

珠江河畔的“小蛮腰”

总高610米，世界第二，我首次享受成人"待遇"买票观光。在450多米高的观览厅，凭栏远眺，高楼林立，赏心悦目。

　　珠江的水啊，你不停地流，流到大海，流进羊城人心里。

雨中游黄埔

今年春假的一个雨天，我来到广州长洲岛参观黄埔军校旧址。这里四面环水，环境优雅，易守难攻，便于学习和练武。黄埔军校原名"陆军军官学校"，因座落在黄埔区而得名。

军校大门彩楼上刻着"升官发财请往他处，贪生怕死勿入斯门"；因墙上写着"革命尚未成功，同志仍需努力"。爸爸说，军校培养了一大批政治和军事骨干、现在看到的既是旧

陸軍軍官學校

校長室

物，也是历史。

我想：尽管岁月流逝，但留下的记忆，却是人们心中永远的丰碑。

黄浦江夜景

我们到上海已经晚上7点多了，黄浦江两岸华灯高照，璀璨夺目的夜景令人激动。

这真是灯的海洋，光的世界！夜空被灯照得通红透亮。灯光时红时黄，时远时近，光芒夺目。高耸入云的的东方明珠塔与林立的建高楼呼应。浦江东面的建筑，有着古罗马以及歌德式和巴洛克，洛可可时代的遗风。

灯光照亮了建筑，建

筑装扮了城市。还有建筑下那一块块不断变换图案的屏幕，让夜幕下的上海变得生动。

爸爸说，浦江两岸起伏的地平线，勾勒出人的智慧，也辅射着人的欲望。在这里，我看到了上海的过去，现在以及美好的未来。

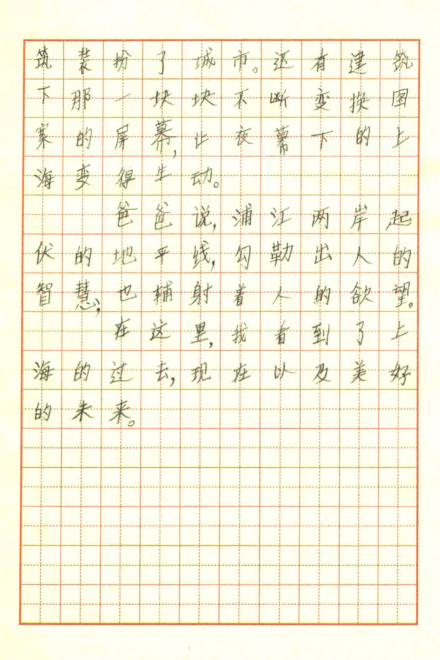

美丽的杭州

晚上随爸爸到西子宾馆吃饭，这里夜景很美。一束束五彩斑斓的灯光把雷峰塔打扮的象仙境中的宝塔，还有随音乐升起的喷泉，仿佛是一曲芭蕾。湖光山色尽收眼底，使西湖锦上添花。

西湖是一位美丽的姑娘，把自己打扮的可漂亮了。柳枝是头发，微风是梳子，波光是烔炯有神的眼睛。湖面的薄雾象披上一层薄纱。一位市长伯伯

说，这叫淡妆浓抹总相宜。

我喜欢杭州，喜欢西湖。

秦淮河中秋夜

在秦淮河边的夫子庙赏月观灯，是南京人的一种时尚。六岁那年的中秋，我无意间赶了一回时尚。

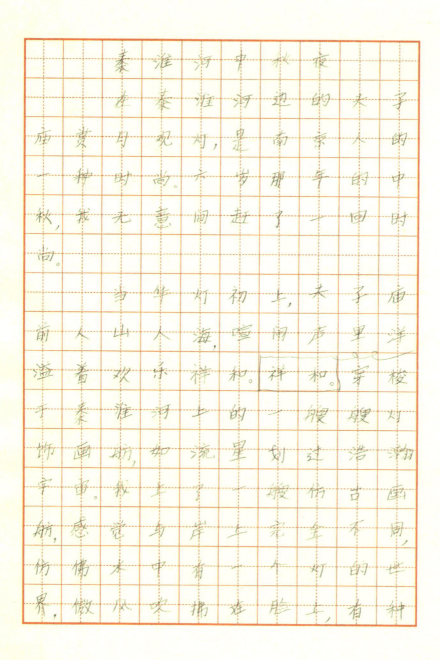

当华灯初上，夫子庙前人山人海，喧闹声里洋溢着欢乐祥和。穿梭于秦淮河上的一艘艘灯饰画舫，如流星划过浩瀚宇宙。我上了一艘仿古画舫，感觉与岸上完全不同，仿佛水中有一个灯的世界，微风吹拂在脸上，有种

穿越历史的感觉。

小冯叔叔说，秦淮风光是对过去繁华的追忆，不论多么逼真，都已经不再是明、清的秦淮河了。

文化是繁华之根。文化不断，繁华永续。

红山动物园

一年级的中秋假期，我迫不及待地到南京过节。

第二天早饭后，我们来到位于城北的红山动物园。园内山峦叠嶂，各种动物风情万种。在大象区域，一群人争先恐后地喂大象。我观察了一会，怀着忐忑的心情，去买了胡萝卜、黄瓜，缩手缩脚地递给大象。这个庞然大物一鼻子就卷进了嘴巴。

不远处，喧闹后面是

长颈鹿吃树叶。我也经不住"好奇"，坐在爸爸肩膀上，拿着一束新鲜嫩叶去喂。我还喂了鸽子、山羊，骑了马、逗了鹦鹉……直到精疲力竭，我才依依不舍地离开动物园。

我想，动物被圈养久了，已经习惯了不自由，就像"温水煮蛙"一样，舒服得很。

汤山温泉

香宪姐山动物园的第二天，我们来到著名的南京汤山。

据姑姑说，汤山温泉形成于1000多万年前，经四季如汤，水温高达50—60℃，被称为大自然生命的凝结。朱伯伯陪同我们到一个温泉度假村，我买了一件绿色的泳衣，来到飘着袅袅轻烟、冒着丝丝热的温泉池旁，慢慢步入池中，顿时感到心旷神怡。

在一处小院里，刻着

"奋斗"赫然在目。爸爸告诉我，这是蒋介石温泉别墅。岁月流逝，物是人非。南京的几位叔叔说，尽管对蒋介石是非功过评价不一，但是其奋斗精神足以称道。

汤山一行，不仅是轻松的温泉之旅，也让我上了一堂历史课。历史，只有历史才能永驻人心！

苏州风光

“上有天堂，下有苏杭”。六岁那年，我来到人间天堂苏州游玩。

爸爸说，许多文人墨客对苏州园林、小桥流水人家以及苏州文化，有不少经典之作。朱伯伯说，苏州园林与“退隐文化”有关。过去，一些当官的退隐于市，在“拙政园”“沧浪亭”弹琴作画，享受人生。我和爸爸观看完苏州的婉约风光后，到金鸡湖坐游艇。那天，阳光格外耀眼，折射到湖

面上，金光闪闪。我们的游艇劈风斩浪，让姑苏水城的"古韵今风"一览无遗。

苏州风光是一幅历史与人现实的画卷。历史成就了苏州，苏州超越了现实。

诉说历史的苏州河

十月的晚风，吹在脸上，略显秋意。我踏上一艘游船，穿梭在苏州护城河，穿越江南水城的历史。

护城河上一座座如弓的拱形古桥，像历经沧桑的老人，诉说吴越春秋的历史片断。吴王夫差、伍子胥、西施、范蠡，以及传说中的“狗咬吕洞宾”……几位叔叔和爸爸饶有兴致地讨论历史典故。我只有感到秋风的凉意和两岸的漆黑。

水，带来了苏州的富裕，也带来了灵气。纵使时光散去，繁华依旧。苏州像古老的书卷，向世人展示历史的沉淀。

雨中登黄山

开完了校运动会，就开始了APEC假期之旅。我选课本中的黄山。

头天晚上，我们就到了山顶的北海入住。秋雨给黄山罩上了一层迷离朦胧和神秘的纱衣。缆车在高空中上行，掠过绿树峰峦、看得我胆颤心惊。一阵阵云雾飘过，四海茫茫，依稀见到课本中学过的知名景点。

雨中游黄山，我觉得最大的特点是“雾大风大

松树多”。雾在山间飘，人在云中游，山的灵气若隐若现，似真似幻。

“五岳归来不看山，黄山归来不看岳”。这次黄山之旅算是探路，期待下回再去。

2014年10月4日 晴

今天上午，我吃完早饭后，怀着愉悦的心情和爸爸一起去游览雁荡山大龙湫。

从爸爸老家出发，到大龙湫虽然只有4公里路程，但是由于旅游高峰，足足开了1个小时的车。一路上，游人如织，川流不息，有种回到北京的感觉，拥挤、躁动。

到了大龙湫，只见飞瀑凌空，声势夺人，飞崖上，触石腾空，如万珠迸落，

真的壮观极了。爸爸说，这是我国“四大名瀑”之一，落差197米。瀑布水势无形，仪态万千。清代诗人江堤写“欲写龙湫难着笔，不游雁荡是虚生。”

大龙湫，着实触动了我幼小的心弦。

漫步青岛木栈道

青岛最美丽的海岸线有一条长长的木栈道，始于团岛角，终于石老人。这条木栈道记载着潮起潮落、红花绿叶。每次来青岛，我都要漫步木栈道。

张伯伯说，木栈道是2008年奥运会的精美礼物，全长37.5公里，打通青岛城区的东和西，像串珍珠般连起海岸线的各个风景点。难怪史伯伯说，青岛的快乐时光，就是沿着木栈道快乐地漫步，听着拍岸

的清声，沐浴着习习海风。2013年"五一"节我跟着爸爸、姑姑头一回来木栈道，就对这里的干净整洁、雪白浪花、赭色岩礁、金色沙滩留下了深刻印象。

上二年级后，我几次在木栈道都邂逅了自由翱翔的海鸥，让我加深了对青岛的美好印象。

缤纷青岛

今年秋天，我第三次来到青岛。这座城市五彩缤纷，红瓦楼房点缀了葱茏绿树，各式花坛装扮了整座城市。红的灿烂，绿的滴翠、黄的流金，蓝的沉静，花草树木与楼房建筑各显神态，浑然一体，美到了极致。

入大关，因八条马路而得名。这些马路纵横交错，集中了俄式、英式、法式、德式等20多个国家建筑风格，让我感、觉眩晕。

青岛的海，茫茫无际、飞翔的海鸟与韵律的浪花、构成了一幅波澜壮阔图景。

青岛是一座洗去浮华、恬静而优雅的城市。

王哥庄的大馒头

在青岛崂山东麓、仰口湾畔，有个群山环抱、碧海相拥的小村庄，那就是王哥庄。张伯伯带我们进入王哥庄后，先映入眼帘的是各式各样的广告招牌，家家户户的灶台上热气腾腾、馒头飘香张伯伯说，王哥庄大馒头已经有500多年历史了，现在还闻名于美国、日本和韩国。

紧挨着王哥庄的是仰口风景区，这里有奇峰异石、深谷幽涧、名人遗迹。

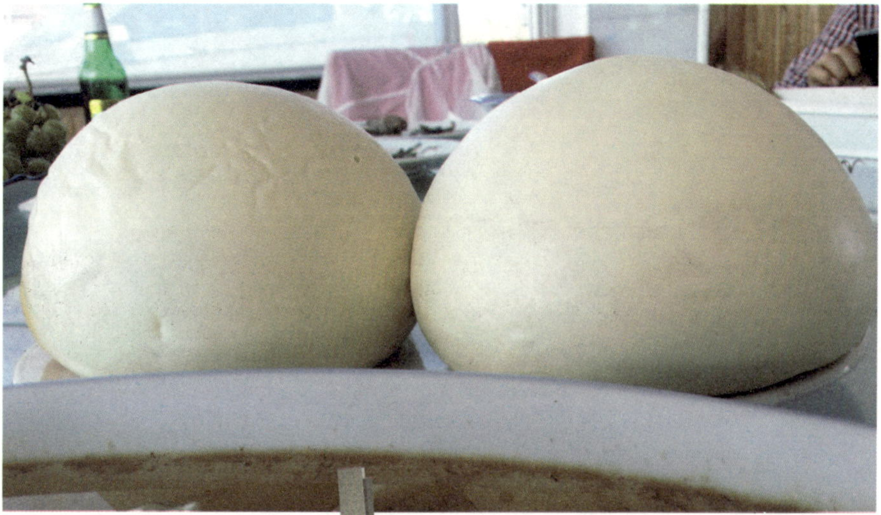

特别是海水澄碧的仰口海滩，是理想中的海水浴场。从主峰望去，白色浪花和蓝色天空交相映辉，群山尽收眼底，顿时感觉自己很渺小。

我感叹大自然的伟大，大自然的鬼斧神工！

即墨的温泉之旅

青岛机场东北30公里处，有一个小城叫即墨。这里依山傍水，气候宜人，冬无严寒，夏无酷暑，以温泉闻名。传说中，温泉是龙女泪珠所化，而今却是活力的象征。赵伯伯说，这里的温泉，最高温度达93℃，含有氟、氡等30多种微量元素。池内温泉千万年永不止息地汩汩涌冒，飘荡着一股淡淡的硫黄清香，泉水清亮，透出碧玉的光泽。

我惊叹大自然的杰作！我想我们都应该感恩大自然。

仰口的缆车

上小学前的假期，我来青岛游览了崂山北侧的仰口。

这里山峰有两大奇观。一个是"仙桃"一个是"寿"石崖。"仙桃"是位于山顶的一块石头。在"仙桃"旁边的山崖上，有许多"寿"字石刻。最大的有四五十米高。

爸爸从来没坐过缆车。我拉着爸爸径直坐上缆车。我几乎是全程让爸爸捂着眼睛上山的，十分钟变的很漫长。至今难忘。

仙桃

仰口的山，千奇百怪，形态各异；仰口的树，参天古木，婀娜多姿。啊！仰口真美呀！

西安初体验

西安是举世闻名的古都，是中国历史上建都时间最长、建都朝代最多、影响力最大的古城，也是爸爸母校的城市。

2012年五一假期，爸爸带我到西安，一同游玩的还有王阿姨和玥玥姐姐及其父亲。厚厚的古城墙、高大的雁塔、对称的钟鼓楼，仿佛一本厚厚的历史线装书展现在我的眼前。我还感受了碑林的艺术宝库，欣赏了芙蓉园大唐

歌舞盛况。现代科技快车载着古代文明，驰骋在实现中华民族伟大复兴“中国梦”的征程上。

西安之行，给我留下了深刻的印象。

临潼的温泉

临潼是西安的东大门。这里的温泉水与日月同流，不盈不虚。

华清池是著名景点。历史上，唐玄宗对杨贵妃的宠爱成为千古绝唱。抗日战争时期，蒋介石在华清池被捉。

我们所住的温泉别墅，是一个独立的小院。院内温泉无色透明，散发着一股淡淡的硫磺味。院子里和房间内各有泡池，服务员放水过膝盖后，我们

碑林

便下池泡泉。一刻钟后，浑身发热，脸蛋通红，玥玥姐姐还差点晕了过去。

我觉得每个人的心里都有一眼温泉。在年轮与季节的交替中，那一眼温泉从历史流向未来。

夜游曲江池遗址公园

曲江池遗址公园，位于西安市南郊，如一颗璀璨明珠映耀在曲江。

曲江池的历史，始于秦汉，盛于隋唐，堪称古代园林经典。曲江原是一片天然沼泽，汉武帝因其水波浩渺，池岸曲折，称为"曲江"。隋唐时期，曲江万紫千红，柳岸歌莺。唐末，曲江池因为战乱被毁，池水干涸，后为田圃，胜景无存。

夜幕下的曲江池，静谧阑珊。我们的船划过水面，

曲江亭
花明夾城道

碧波荡漾，仿佛拂动盛唐气象。夜幕中朦胧呈现的湖心仙岛，以及依岛而设的荷廊恰似一朵盛开的水莲花。阅江楼在灯火辉煌的映衬中，更加璀璨夺目。

曲江池遗址公园夜景，展现了古代文明与现代文明的交相辉映。

哈尔滨的冰灯

寒假前的周末，我来到哈尔滨看冰灯。这里冰天冻地。

吃完热炕炖鱼后，我们就径直奔向冰雪大世界。这里每一块冰，都像着了魔，长出五彩幻影。三只巨无霸“羊”气势非凡，寓意羊年吉祥；象征粮仓的大米、玉米、谷物惟妙惟肖。还有那冰做的佛像，巨大无比，美轮美奂。

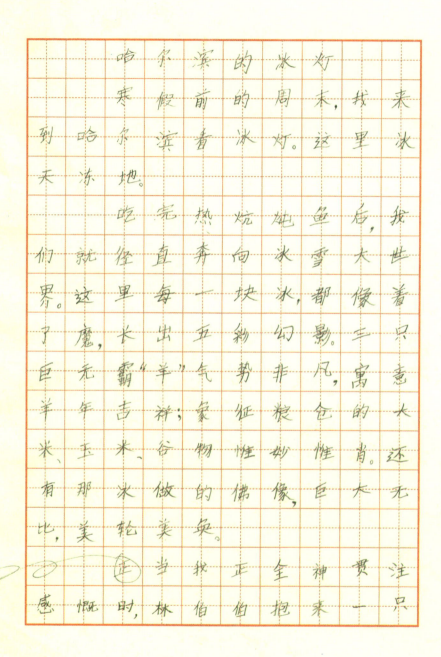

正当我正全神贯注感慨时，林伯伯抱来一只

雪狐给我，小家伙动来动去，倒是挺暖和。我坐上“旋转木马”、冰滑梯，屁股冰冷。

勤劳智慧的哈尔滨人把冰雪变成一件件充满灵气的艺术品，给人们带来了美的享受！

太阳岛的雪雕

“白雪、绿岛、红灯，零度下的沸腾”这是人们形容太阳岛的景象。

确实，太阳岛的雪像地毯一样松软，两旁的树木银装素裹，小屋顶像涂上奶油，似乎在欢迎我们。

雪雕有动物形象，也有人物形象，它们栩栩如生。但我对好多雪雕都看不懂，甚至感到莫名其妙。倒是雪橇狗拉车引起了我的兴趣。爸爸和我坐上去溜了一小圈。太阳岛寒风

凛冽，像刀片一样剑在脸上。

阳光洒在雪雕上，衬得雪雕格外美丽。太阳岛演绎了一场艺术、欢乐和梦想的华彩乐章。

东北虎园
松花江北岸有一个著名的东北虎园，有200多只不同年龄的纯种东北虎。

我首先来到候车大厅，这里有两只2个月大的小老虎。小老虎耳朵尖尖的，只要一有动静，就会竖起来听，十分灵敏。它的嘴里面有两排浩白、锋利的牙齿，这里它最有威慑力的武器。小老虎时而像位彬彬有礼的绅士，时而又耍起小脾气，两只小老

虎咬住另一只的背部，玩耍起来。实在可爱极了！

一会儿，我们乘着游览车进了虎园，最先看见的是一个虎穴，有七八只大老虎，长得很强壮，雄纠纠气昂昂，样子千姿百态。在虎王区，虎王总是一副盛气凌“兽”的样子。爸爸说，这些老虎不能繁衍在风雨雷电下的林莽和龙吟虎啸的深山，却在人工的樊笼苟延残喘。

我想：这真是百兽之王的悲哀。

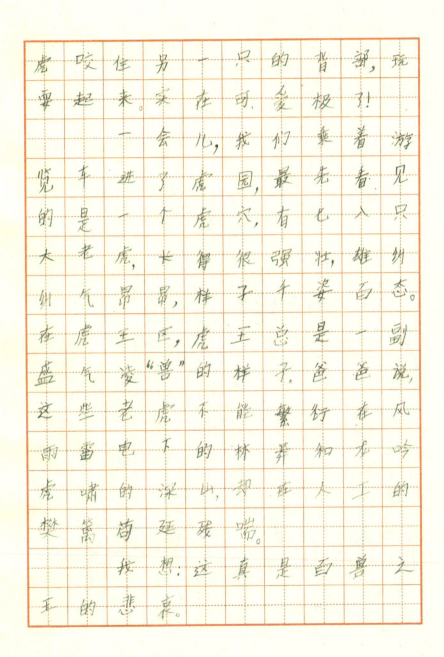

秋之行

——游北京野生动物园

今天，白云漂浮，一鹤凌云，学校开展秋游活动。我怀着激动的心情，坐上了开往野生动物园的大巴。车上，同学们热情高涨，议论纷纷。

经过漫长的3个小时车程，终于到达动物园。一下车，就看到“北京野生动物园”几个大字。不用说，动物们都在里头等着我们呢。导游给我们每人发一张票，我们鱼贯而入进

了大门，又一个依次参观。我看到了鹦鹉、麋鹿、斑马、棕熊、老虎、狼、等。让我有了回归自然的感觉。

我们还观看了动物们引人入胜的表演。整场演出刺激壮观，让我们兴奋不已。

下午，我们乘车来到农场，一大片花生呈现眼前，只见干枯叶子迎风摆好像在欢迎我们的到来。我抓住茎，用力一提，大大小小花生便裸露它们长得胖乎乎的，很是可爱。见到花生，太家都兴奋地喊起来。大家袋子里的花生越来越多，一颗颗都是那么饱满，看来这真是一个太丰收啊！

我们度过了快乐的一天。

坝上草原的夏天

上幼儿园前的夏天，我和爸爸妈妈以及其他伯伯到坝上草原，感受那里的风土人情，至今难忘。

爸爸告诉我，这里历史悠久。秦汉、魏时期的重镇，辽、金、元、清的避暑胜地。确实，坝上地处要塞、环境独特、水草丰美。

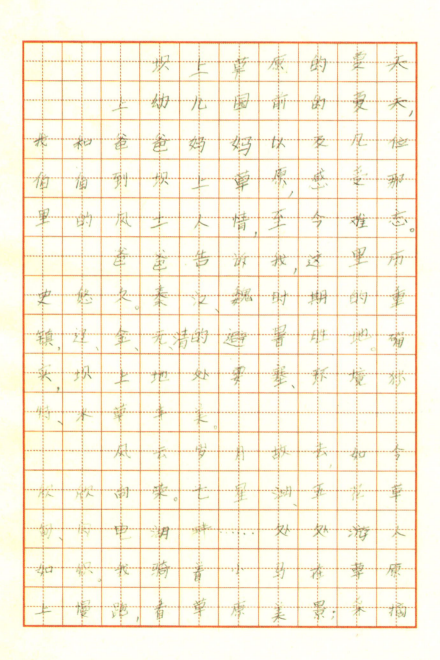

风云岁月故去，如今欣欣向荣。七星湖、五花草甸、闪电湖畔……处处游人如织。我骑着小马在草原上慢跑，看草原美景；采摘

野花做了一个花环，草甸上的草比我还高。一天的疲惫使我早早就睡。我在迷迷糊糊中被爸爸叫醒了，到楼外草坪大吃一惊——一群人围在篝火旁上面架着一只羊，旁边还停着一辆消防车。原来在烤全羊！

坝上之行，是旅行与成长的启蒙，尽管朦胧，但却深刻。

乐享海水温泉

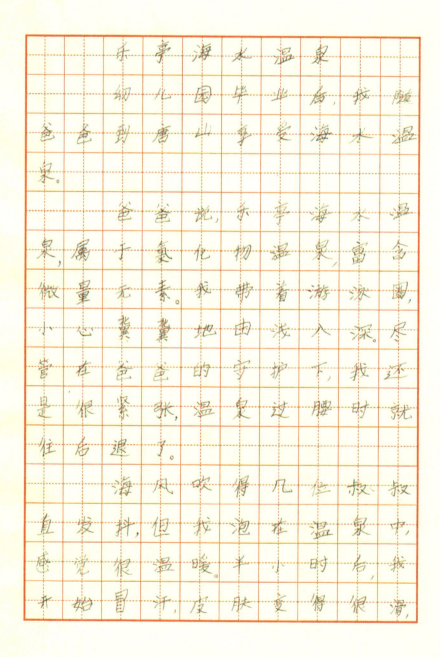

幼儿园毕业后，我随爸爸到唐山享受海水温泉。

爸爸说，乐享海水温泉，属于氯化物温泉，富含微量元素。我带着游泳圈，小心翼翼地由浅入深。尽管在爸爸的守护下，我还是很紧张，温泉过腰时就往后退了。

海风吹得几位叔叔直发抖，但我泡在温泉中，感觉很温暖。半小时后，我开始冒汗，皮肤变得很滑，

疲劳走了快乐来了。

　　看到温泉周边一派荒凉景象，我为温泉感到惋惜。

乐亭海钓

乐亭月坨岛天然资源丰富，盛产鱼、虾。泡完海水温泉后，我们就到月坨岛尝试海钓。

都说“姜太公钓鱼（愿者上钩）”。我可不想做姜太公，一条真正的鱼都没钓到。几位叔叔给我鱼竿，我利索地把鱼饵固定在鱼钩上，用手调了一下浮子，让爸爸把鱼钩扔进海里。

不一会，浮子被鱼拉得忽上忽下，我迅速拿起鱼竿使劲地往上拉，可怎么

金沙

也拉不动。这时，爸爸来帮忙，猛的一下就把鱼拖出海水面。一条五六斤重的海鲈鱼钓上来了！就这样，不同的鱼有着一样的命运——因贪婪而被钓。

这一天，我们共钓到七条鱼，一起收获的还有耐心和静心。

五台山风情

每年盛夏，五台山一派生机勃发，万木争荣。一年级暑假，从海拉尔回来，就去了五台山。

五台山是四大佛教名山之一，因五座山峰得名。每座山峰海拔都在3000米上下。这里的古寺装饰了山峰，山峰点缀了五台风景。灵应台、清凉台、文殊台、观音台、兜率台、台台神秀。

五台山始建于东汉，唐朝时成为佛教圣地。这

福

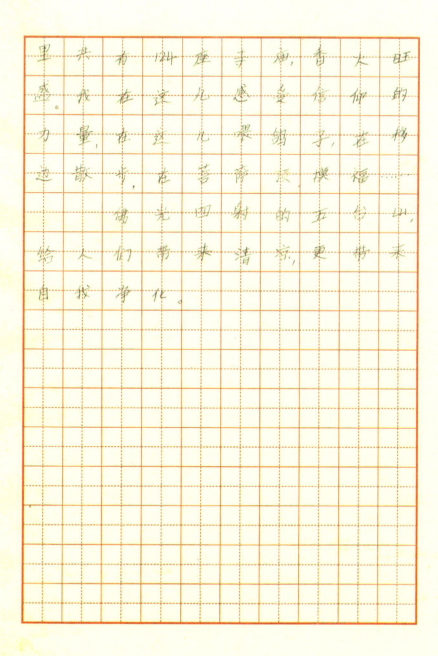

里共有124座寺庙，香火旺盛。我在这儿感受信仰的力量，在这儿喂鸽子，在梅边散步，在菩萨顶、摸福……

佛光四射的五台山，给人们带来清凉，更带来自我净化。

成都一瞬

从香格里拉到成都，一个小时的航程就够了。来接我们的是特别长的轿车。

曾伯伯告诉我，这是一座有文化、有念头的城市。确实，这是天府之国的精华所在。历史上，成都有许多辉煌。汉代的中心，三国时期的蜀国、唐宋的大都市，以及民国的保路运动……就像爸爸说的历史犹如昨天，往事并不如烟。

吃过晚饭，我让几位

錦里

宽巷子

武侯祠
先主武侯同閟宮

杜甫草堂
萬里橋西草堂雅句如新宛見卜居

阿姨陪我去商场，给爸爸买内衣裤。路上，经过武侯祠、宽窄巷子，处处人声鼎沸，好不热闹。

都说"少不入川"，这里确实有太多让人颓废的东西，幸好我只在成都住了一天。

武汉东湖

成都一游后，匆匆来到武汉。这是一座风景秀丽的城市。

五日的东湖，郁郁葱葱，满眼都是绿，几朵鲜艳的野花点缀在树林之中，仿佛是一幅浓墨重彩的油画。我们的晚餐，就在东湖边上的一座房子里吃，我满心欢喜。

次日，我随爸爸去江边观浪听涛，眺望黄鹤楼。三伯伯说，武昌起义是近代革命的开端，在革命史

上有很高的地位。

九省通衢的武汉，见证了历史的变迁。

厦门鼓浪屿

厦门是一个让人去了还想去的地方。三岁时，我就随爸爸去过一回。一年级暑假，我再次来看鼓浪屿。

庄伯伯告诉我，鼓浪屿的名字，是因为浪拍在沙滩上发出像击鼓“咚咚咚”的声音。这里阳光明媚，海浪拍岸，如曼妙乐声，声声入耳。波澜壮阔的大海，映衬着如诗如画的小岛，展示了闽南风光的壮美。我从小岛弯曲的小径小

龙头路
17号
湾景旅馆
Breakfast

巷，走向最高处的日光岩。在最陡峭处，爸爸直接抱我上去了。站在顶峰，有种“一览众物小”的感觉。

我极目远眺，只见波连波、浪打浪，对面是我国的台湾金门。我想，等祖国完全统一后，一定要到台湾看看。

南宁嘉和城

五年前，爸爸和我、妈妈来到“绿城”南宁。南宁，古称邕州，历史悠久，满城皆绿，四季长青，所以别名“绿城”。

嘉和城的温泉很有特色，这里有儿童天地、水上漂流、摸鱼野溪等，还有100多个温泉泡池。

当年，我住在嘉和城的一个别墅。独立的游泳池，以及滑滑的温泉，至今仍然记忆犹新。

我喜欢南宁的另一

嘉和城景区

请勿戏水

个原因，是爸爸曾经在这儿工作过一年。我仿佛能够感受爸爸的气息和足迹。

绿城南宁，别来无恙，期待有一天再访南宁。

七彩伊领岩

南宁市郊有一个溶洞，像宫殿一样美丽，叫伊领岩，又叫敢宫。

进入伊领岩，我目不暇接地欣赏唢呐、对山歌、跳竹竿舞、喝迎客酒……，这些壮族文化很纯朴。郑叔叔说，壮族文化源远流长。

经过半小时跋涉，就到了岩洞。洞中钟乳密布，千姿百态。洞分千层，曲折迂回，变化无穷。爸爸打着手电筒，否则就伸手不见五指，我很是害怕，紧紧搂

伊岭岩

着爸爸。

时隔几年，伊领岩的七彩溶洞，让我时常想起。

香港迪斯尼

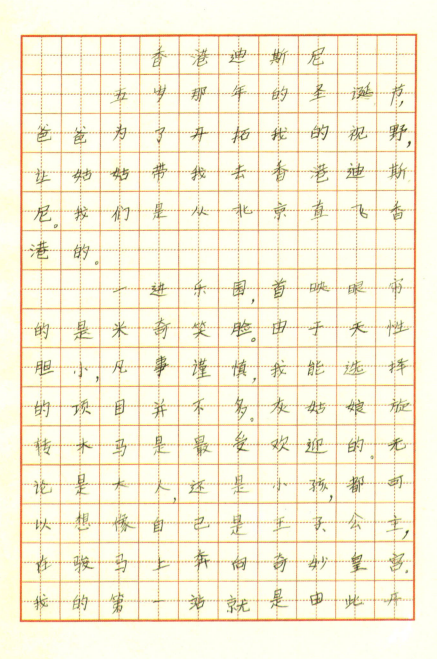

五岁那年的圣诞节，爸爸为了开拓我的视野，让姑姑带我去香港迪斯尼。我们是从北京直飞香港的。

一进乐园，首映眼帘的是米奇笑脸。由于天性胆小，凡事谨慎，我能选择的项目并不多。友姑娘旋转木马是最受欢迎的。无论是大人，还是小孩，都可以想像自己是王子、公主，在骏马上奔向奇妙皇宫。我的第一站就是由此开始。

还有一个项目比较温柔，就是茶杯碰碰车。我和姑姑坐在一个杯子里，横冲直撞，我就怕碰坏这个陶瓷做的杯子。

郑叔叔说，迪斯尼乐园以传播快乐和希望为理念，代表了美国社会主流价值观。我觉得，迪斯尼乐园确实有许多让人快乐的元素，但也有一些是过眼云烟，甚至会产生过度追求刺激的极端心理。

回北京后，我问爸爸：

kisses,
Mouse
xoxo

迪斯尼是不是外来文化侵入表现？什么时候我们的文化也能够走向世界、输出国外？”爸爸说：“我长大就能实现！”

后记

"每个梦想都值得灌溉……"当《最好的未来》再一次响起的时候，书稿已送出版社。尽管窗外点点雾霾，但心中一片晴朗。

消逝的过去，总是那么匆匆；流淌的现在，一晃就是未来。书中的文字和图片，穿过时光，穿过南方的山、北方的河，使我柔软地想起童真岁月。

这个年纪，面对一个陌生的世界，需要发现自己的热爱，当起绵延于身后的世界图景。这本书是一个开端。也许不是最有价值，肯定不是最有文采，但必定是我最怀念的一本书。

成果兑现理想，理想照亮未来。这本书就是这样一个小成果，下一本书是关于阅读与成长。

“不要前行，前面是无边的森林……”，在此感谢所有帮助、指引我走向最好未来的人！

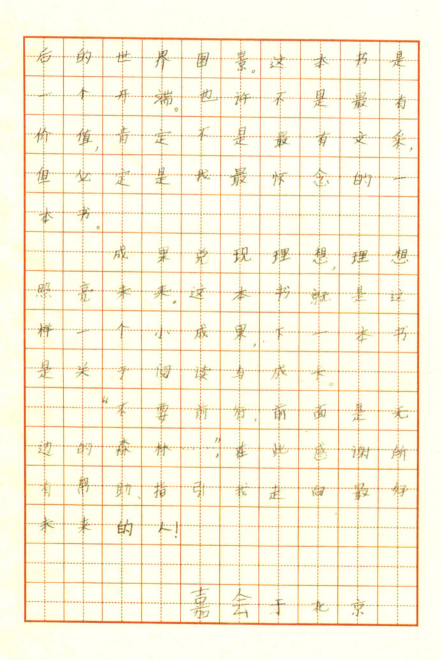

嘉会于北京

图书在版编目（CIP）数据

旅行与成长 / 詹嘉会著
北京：新华出版社，2015.7
ISBN 978-7-5166-1876-9
Ⅰ.①旅…　Ⅱ.①詹…　Ⅲ.①作文—小学—选集　Ⅳ.①H194.4
中国版本图书馆CIP数据核字（2015）第162727号

旅行与成长

出 版 人： 张百新　　**责任编辑：** 张　程
装帧设计： 王欢欢　纸上功夫

出版发行： 新华出版社
地　　址： 北京石景山区京原路8号　　**邮　　编：** 100040
网　　址： http://www.xinhuapub.com　http://press.xinhuanet.com
经　　销： 新华书店
购书热线： 010-63077122　　**中国新闻书店购书热线：** 010-63072012

照　　排： 北京纸上功夫设计工作室
印　　刷： 北京凯达印务有限公司

成品尺寸： 160mm×210mm　　**印　　张：** 15
字　　数： 100千字　　**版　　次：** 2015年7月第一版
印　　次： 2015年7月第一次印刷

书　　号： ISBN 978-7-5166-1876-9
定　　价： 49.00元